Una **ayuda** para **ver mejor**

Monika Davies

✴ Smithsonian

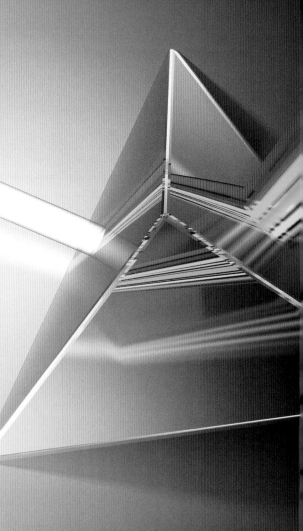

Autora contribuyente

Allison Duarte, M.A.

Asesores

Tamieka Grizzle, Ed.D.
Instructora de laboratorio de CTIM de K–5
Escuela primaria Harmony Leland

Brian Mandell, Ph.D.
Director de la División de Currículo y Comunicaciones
Smithsonian

Créditos de publicación

Rachelle Cracchiolo, M.S.Ed., *Editora comercial*
Conni Medina, M.A.Ed., *Redactora jefa*
Diana Kenney, M.A.Ed., NBCT, *Directora de contenido*
Véronique Bos, *Directora creativa*
Robin Erickson, *Directora de arte*
Seth Rogers, *Editor*
Caroline Gasca, M.S.Ed., *Editora superior*
Mindy Duits, *Diseñadora gráfica superior*
Walter Mladina, *Investigador de fotografía*
Smithsonian Science Education Center

Créditos de imágenes: portada, pág.1 Paolo Bona/Shutterstock; pág.4 (recuadro) Martyn F. Chillmaid/Science Source; pág.10 Bellena/Shutterstock; pág.11 (todas excepto la segunda desde abajo), pág.21 (izquierda), pág.32 (izquierda) © Smithsonian; pág.12 (ilustración) Timothy J. Bradley; pág.13 Dan Hixson/University of Utah College of Engineering; pág.16 Solent News/Splash News/Newscom; pág.17 (superior) Jeremias Costilla/iStock; pág.17 (inferior) Ferrantraite/iStock; pág.20 Rex Features a través de AP Images; pág.21 (derecha) Cecilia/Creative Commons 2.0; pág.22 (inferior) Eric Cohen/Science Source; pág.23 (inferior) Babak Tafreshi/Science Source; pág.25 cortesía de Peter Erskine; pág.27 (superior) Ute Grabowsky/photothek images UG/Alamy; todas las demás imágenes cortesía de iStock y/o Shutterstock.

Library of Congress Cataloging-in-Publication Data

Names: Davies, Monika, author.
Title: Una ayuda para ver mejor / Monika Davies, Smithsonian Institution.
Other titles: Helping people see. Spanish
Description: Huntington Beach : Teacher Created Materials Publishing, [2020] | Includes index. | Audience: Grades 2-3
Identifiers: LCCN 2019035371 (print) | LCCN 2019035372 (ebook) | ISBN 9780743926973 (paperback) | ISBN 9780743927123 (ebook)
Subjects: LCSH: Optical instruments--Juvenile literature. | Optics--Technological innovations--Juvenile literature.
Classification: LCC QC371.4 .D3818 2020 (print) | LCC QC371.4 (ebook) | DDC 681/.4--dc23

Smithsonian

Teacher Created Materials

5301 Oceanus Drive
Huntington Beach, CA 92649-1030
www.tcmpub.com

ISBN 978-0-7439-2697-3
© 2020 Teacher Created Materials, Inc.
Printed in Malaysia
Thumbprints.25941

Contenido

Ver la luz 4

Una visión nítida 6

Afinar la vista 18

Un futuro más claro 26

Desafío de CTIAM 28

Glosario 30

Índice 31

Consejos profesionales 32

Ver la luz

Los ojos nos permiten ver el mundo. Pero el ojo humano no es perfecto ni mucho menos. Pocas personas tienen una agudeza visual de 20/20, o una visión normal. Y es difícil para el ojo captar los detalles pequeños, como las estrellas lejanas en el cielo nocturno.

A lo largo del tiempo, se han hecho muchos intentos de mejorar la visión. El resultado es el mundo de la óptica. La óptica es el estudio de la luz y de cómo viaja. La luz es la clave de la visión. Cuando vemos un objeto, vemos la luz que rebota contra ese objeto.

La luz rebota contra el espejo.

¿Cuáles son algunas de las innovaciones que han cambiado la forma en que vemos el mundo? Las gafas, los anteojos y los prismas son solo algunas. ¡Sumérgete en el mundo de la óptica, donde la luz rebota y se curva para que la gente pueda ver!

Las burbujas de jabón reflejan muchos colores.

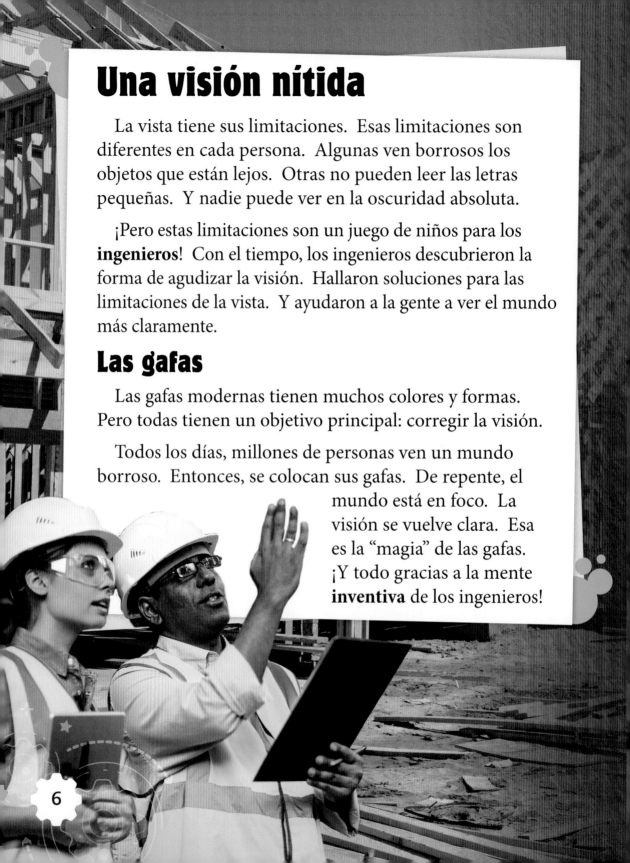

Una visión nítida

La vista tiene sus limitaciones. Esas limitaciones son diferentes en cada persona. Algunas ven borrosos los objetos que están lejos. Otras no pueden leer las letras pequeñas. Y nadie puede ver en la oscuridad absoluta.

¡Pero estas limitaciones son un juego de niños para los **ingenieros**! Con el tiempo, los ingenieros descubrieron la forma de agudizar la visión. Hallaron soluciones para las limitaciones de la vista. Y ayudaron a la gente a ver el mundo más claramente.

Las gafas

Las gafas modernas tienen muchos colores y formas. Pero todas tienen un objetivo principal: corregir la visión.

Todos los días, millones de personas ven un mundo borroso. Entonces, se colocan sus gafas. De repente, el mundo está en foco. La visión se vuelve clara. Esa es la "magia" de las gafas. ¡Y todo gracias a la mente **inventiva** de los ingenieros!

Una niña se prueba unas gafas nuevas.

Tal vez el primero en usar una "lente" haya sido el emperador romano Nerón. Algunos dicen que sostenía una esmeralda frente a sus ojos durante los combates de gladiadores para ver mejor desde lejos.

Algunos inventos surgieron a partir de descubrimientos pequeños. Por ejemplo, al colocar una jarra con agua sobre una hoja de papel, algo interesante sucedía con el texto. ¡El agua hacía que las palabras se vieran más grandes! Las personas se preguntaron por qué sucedía eso. Empezaron a investigar. En poco tiempo, descubrieron que los cristales producían el mismo efecto. Así nacieron las primeras lupas y luego las gafas.

Las primeras gafas eran sencillas. La gente las sostenía frente a la cara. Eran muy pesadas. ¡Pero funcionaban!

Nadie sabe quién inventó las gafas. Pero en Europa, los **monjes** fueron los primeros en usarlas. A finales del siglo XIII, los monjes italianos pasaban muchas horas leyendo. Al envejecer, su vista empeoraba. Las palabras empezaban a verse borrosas. Los monjes necesitaban algo que los ayudara a ver las palabras claramente. Las gafas les permitieron corregir su visión.

El agua agranda el texto y otros objetos.

cristal de calcita

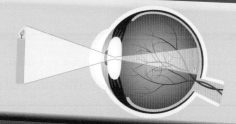

Visión normal
La luz se enfoca en la parte trasera del ojo.

Miopía

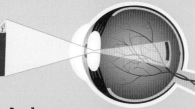

La luz se enfoca delante de la parte trasera del ojo.

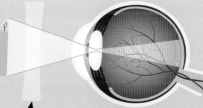

↑
lente

La visión se corrige con una lente.

Hipermetropía

La luz se enfoca detrás de la parte trasera del ojo.

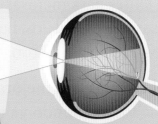

↑
lente

La visión se corrige con una lente.

CIENCIAS

Ojo con las ciencias

Si eres miope (es decir, si no ves claramente las cosas que están lejos) o hipermétrope (es decir, si no ves claramente las cosas que están cerca), la luz no se enfoca en la parte trasera del ojo. Para corregirlo, se usan diferentes lentes. Las lentes curvan la luz para que se enfoque en el lugar correcto.

Cientos de años después, se inventó la imprenta. Se podían hacer libros en grandes cantidades. Poco después, cada vez más gente empezó a leer. En consecuencia, más gente necesitaba gafas.

Algunos debían usar gafas todo el día. Al principio, los ingenieros crearon **puentes** para unir las lentes. Los puentes se apoyaban en la nariz. Pero las gafas se caían con frecuencia. Con el tiempo, se agregaron armazones con patas curvas que se apoyaban en las orejas. Las lentes de **cuarzo** se reemplazaron con unas de vidrio. Después, las lentes de plástico reemplazaron a las de vidrio.

Hoy en día, las gafas son parte de la vida de mucha gente. Podemos usarlas todo el día, todos los días. Hay muchos tipos de lentes para mejorar la visión. Si tienes problemas para ver las cosas que están lejos, hay gafas para ti. Si tienes que entrecerrar los ojos para leer un libro, hay un par de lentes que pueden ayudarte.

Las gafas han mejorado la vida de muchas personas. Para muchos, el mundo ya no es borroso. Gracias a las gafas, el mundo puede estar en foco.

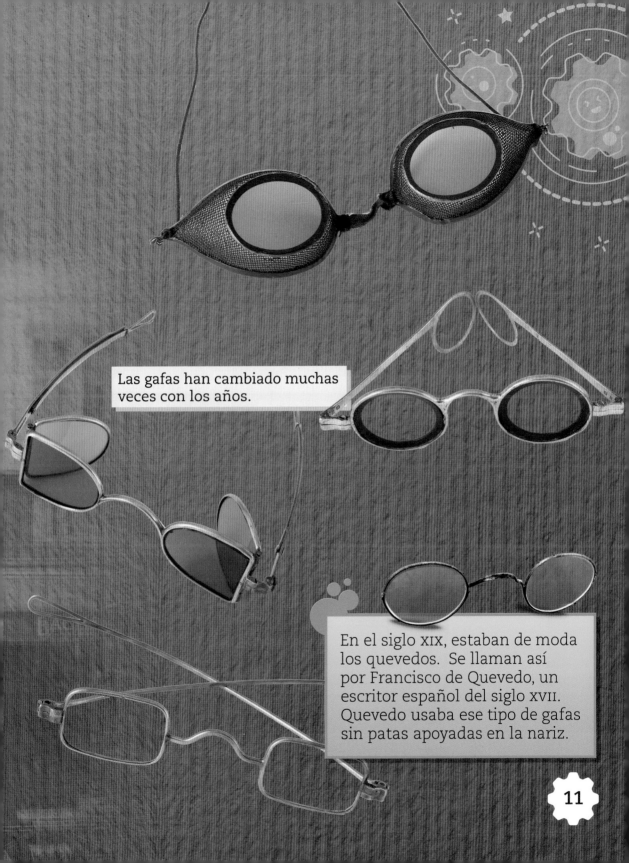

Las gafas han cambiado muchas veces con los años.

En el siglo XIX, estaban de moda los quevedos. Se llaman así por Francisco de Quevedo, un escritor español del siglo XVII. Quevedo usaba ese tipo de gafas sin patas apoyadas en la nariz.

Lentes de base líquida

La búsqueda de la lente perfecta no se detiene. Los ingenieros siguen buscando maneras de mejorar las lentes. En Utah, están usando algo nuevo para hacer lentes: ¡líquido! Estas lentes son adaptativas. Se dan cuenta qué estás mirando. Entonces, se ajustan solas para que tus ojos puedan hacer foco en el lugar correcto.

¿Cómo funcionan? Hay un medidor de distancia en el puente de las gafas. Mide la distancia entre cualquier objeto y tus ojos. Las lentes están hechas de glicerina, un líquido espeso y transparente. La glicerina está dentro de una membrana delgada que puede moverse. Cuando el medidor detecta la distancia a la que estás del objeto, hace un ajuste en las lentes. Cambia la curvatura de la lente. Entonces, cuando la luz la atraviesa, se enfoca en el lugar correcto del ojo. Con estas gafas puedes ver cualquier objeto claramente, ya sea de lejos o de cerca.

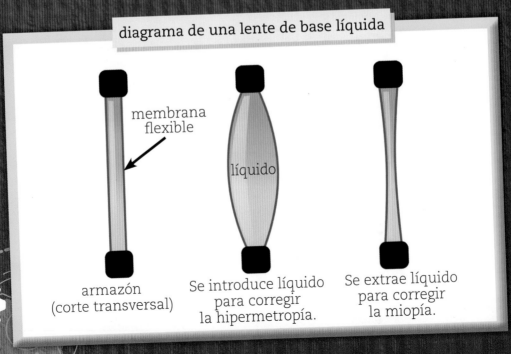

diagrama de una lente de base líquida

membrana flexible

líquido

armazón
(corte transversal)

Se introduce líquido para corregir la hipermetropía.

Se extrae líquido para corregir la miopía.

Las lentes adaptativas se podrán controlar con un teléfono inteligente. Cuando el médico cambie la **receta** de tus gafas, pondrás los nuevos datos en la aplicación. Las lentes se ajustarán solas.

Los creadores de las lentes de base líquida observan su invento.

Gafas que corrigen colores

Las gafas también pueden ayudar a los daltónicos a ver los colores. Aproximadamente 1 de cada 10 personas en Estados Unidos tiene daltonismo. Algunos no pueden ver ningún color. Ven el mundo en tonos de gris. Otros ven algunos pares de colores, como el rojo y el verde o el azul y el amarillo, como si fueran marrón o negro.

Enchroma es una empresa que quiere ayudar a los daltónicos. Fabrica gafas con lentes especiales. Cada lente tiene un **filtro**. Los filtros hacen que algunos colores sean más fáciles de ver.

Anteojos de visión nocturna

Los ojos necesitan luz para ver. Los anteojos de visión nocturna permiten ver en la oscuridad. El ojo humano puede ver la **luz visible**. Pero no podemos ver la **luz infrarroja**. Este tipo de luz se siente como calor. El cuerpo emite calor. Los anteojos de visión nocturna nos permiten "ver" el calor corporal. Para ello, transforman la luz infrarroja en luz visible. ¡Nadie se puede esconder en la oscuridad si usas estos anteojos!

Muchos soldados usan anteojos de visión nocturna. Les permiten ver en la oscuridad y descubrir a quien intente sorprenderlos.

visión con daltonismo promedio

visión normal con gafas Enchroma

visión con daltonismo severo

Gafas "inteligentes"

Algunas personas están incorporando tecnología a las gafas. Las nuevas gafas "inteligentes" pueden hacer mucho más que corregir la visión. También ofrecen una forma divertida de ver el mundo.

Las gafas Spectacles de la empresa Snap ofrecen una manera elegante de tomar fotos. Incluyen una cámara pequeña en el armazón. El usuario oprime un botón. Así graba un video de 10 segundos. El video se guarda en línea.

Las gafas Vue parecen normales. Pero pueden hacer muchas cosas. Puedes llamar a tu casa o reproducir música. ¡Hasta pueden recordarte qué hay en tu lista de tareas! Toda esta tecnología cabe en un armazón delgado y elegante.

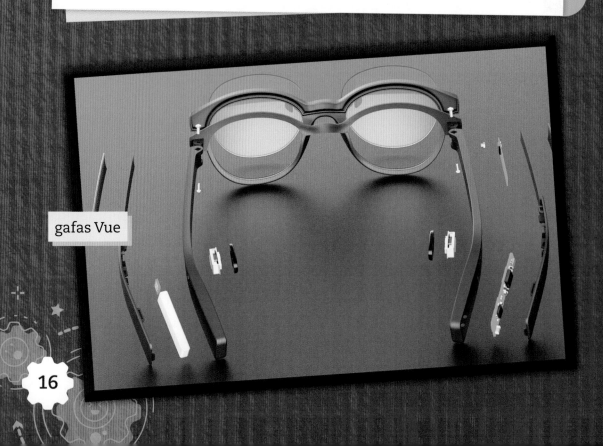

gafas Vue

las gafas con cámara Spectacles, de Snap

A trabajar

Google™ diseñó gafas inteligentes para quienes trabajan en fábricas. Hacen que el trabajo sea más fácil y más rápido. Las gafas permiten a los trabajadores ver instrucciones y videos que les ayudan en su trabajo. Esta es una buena manera de que los trabajadores tengan las manos libres para hacer otras cosas.

Afinar la vista

Dondequiera que miremos hay cosas difíciles de ver. Pueden ser las estrellas en lo alto del cielo. O, también, las células bajo la piel. Esos detalles diminutos no pueden verse sin ayuda. Solo se pueden ver con dispositivos especiales. Esos instrumentos son un tipo de equipamiento óptico. Gracias a estos dispositivos, hemos aprendido mucho sobre nuestro mundo y sobre el universo.

El microscopio

Antes, no podíamos ver nada que fuera más delgado que un cabello. Las células estaban ocultas para nosotros. Por lo tanto, no entendíamos cómo funcionaba el cuerpo humano. Pero todo cambió con la invención del microscopio.

El microscopio nos permite ver cosas pequeñas. Es como si fuera una lupa muy potente. Usa lentes y la luz para hacer que los objetos se vean más grandes. Eso nos permite explorar los detalles ocultos.

Esta estudiante usa un microscopio.

polen ampliado

MATEMÁTICAS

Micromatemáticas

El microscopio amplía los objetos. Hace que se vean más grandes de lo que son. Los científicos pueden hallar el tamaño real del objeto que están estudiando. Para hacerlo, usan la división. Primero, usan una microrregla para medir lo que ven. Después, dividen la medida entre el aumento. El resultado es el tamaño real del objeto.

medida del objeto ÷ aumento = tamaño real

19

El primer microscopio compuesto se creó en 1590. Tres neerlandeses tuvieron la idea. Primero, tomaron dos lentes. Colocaron una de las lentes en el fondo de un tubo. Colocaron la otra lente en la parte de arriba. Luego, miraron a través de las dos lentes. Los objetos se veían más grandes a través de las lentes. Era posible enfocarse en los detalles. Al principio, los primeros planos eran borrosos. Pero la idea disparó el desarrollo del microscopio.

Con el tiempo, la calidad de las lentes mejoró. Pronto, los microscopios permitieron ver el interior de las células. Se hicieron grandes descubrimientos. Por ejemplo, los científicos pudieron estudiar las enfermedades. Pudieron encontrar los gérmenes dañinos. Esos descubrimientos ayudaron a desarrollar curas.

El microscopio también se usa en otros tipos de trabajos. Los médicos lo usan en las cirugías. Los joyeros lo usan para mirar gemas. Los investigadores lo usan en las escenas de delitos para observar pruebas. Este instrumento ha cambiado de diversas maneras la forma en que vemos el mundo.

Este es un microscopio de papel llamado Foldscope™.

microscopio escolar,
1855–1860

Los primeros microscopios
eran de madera y cartón.
¡Algunos estaban decorados
con piel de pescado!

microscopio de Edmund
Culpeper, 1750

El telescopio

El telescopio nos permite ver cosas que están lejos. Una de las primeras personas en usar un telescopio fue Galileo. Galileo era un científico famoso. Construyó su primer telescopio en 1609. Descubrió muchas cosas con su telescopio. Vio montañas en la luna de la Tierra. Vio las lunas de Júpiter. Contó las estrellas de la Vía Láctea. ¡Todo gracias a su telescopio!

Hay dos tipos principales de telescopios. Uno es el telescopio **refractor**. Tiene dos lentes que hacen que los objetos se vean más grandes de lo que realmente son. Una lente grande enfoca la luz. Una lente pequeña proyecta la luz hacia el ojo. Las lentes están colocadas en unos tubos largos. Cuánto más grande es la lente, más lejos se puede ver. El segundo tipo es el telescopio **reflector**. Hace que la luz rebote en unos espejos y se dirija hacia el ojo.

El telescopio nos permite ver qué hay más allá de la Tierra. Nos ayuda a aprender sobre el universo. Hoy en día, aún seguimos mirando las estrellas que están en el cielo.

Galileo mira las estrellas con su telescopio.

telescopio reflector

Telescopio Gigante
de Magallanes

Un telescopio gigante

En Chile están construyendo un telescopio reflector enorme llamado Telescopio Gigante de Magallanes. Mide más de 24½ metros (80 pies) de ancho. Usará siete espejos para mirar el espacio exterior. Los espejos están dispuestos en forma de panal. El telescopio podrá captar imágenes débiles que llegan del espacio exterior.

El prisma

Un prisma es un pedazo de vidrio sólido con los lados planos. Cuando la luz blanca entra en un prisma, un arcoíris de colores sale del otro lado. Esto puede producir un espectáculo impresionante.

¿Cómo sucede? Un prisma refracta, o curva, la luz. Todos los colores que forman la luz blanca se separan. Las longitudes de onda más cortas, como la del morado, se curvan más que las longitudes de onda más largas, como la del rojo. Eso hace que la luz blanca "compacta" se descomponga en un arcoíris de colores al atravesar el prisma. Al arcoíris se le llama espectro.

Los prismas tienen muchos usos. Hay prismas en los binoculares. Ayudan a curvar la luz para que los objetos parezcan más grandes. Algunas cámaras digitales usan prismas para que los colores se vean más reales. A veces, se usan prismas para hacer arte.

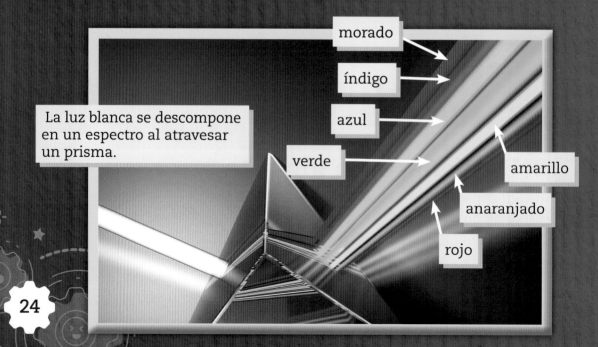

La luz blanca se descompone en un espectro al atravesar un prisma.

morado
índigo
azul
verde
amarillo
anaranjado
rojo

Arte solar

Peter Erskine es un artista estadounidense. Tiene muchos proyectos famosos. En su obra *New Light on Rome* 2000, usó prismas para proyectar arcoíris sobre edificios romanos antiguos. Sus proyectos ayudan a la gente a ver lugares antiguos con una mirada nueva. A veces, sus obras destacan la belleza de un edificio. Otras veces, la iluminación genera una sensación de paz.

Un futuro más claro

El mundo de la óptica está repleto de innovaciones. Los ingenieros y los científicos cambian nuestra forma de ver el mundo. Inventan maneras de curvar la luz. Usan espejos y lentes para ayudarnos a ver más claramente. Sus ideas amplían nuestra visión del mundo ¡y del espacio!

La ingeniería inteligente es la clave. Es la razón por la que tenemos una visión aguda. También nos revela detalles ocultos. Y es lo que nos permite ver las estrellas.

Pero todavía hay mucho por ver y entender. Seguimos aprendiendo. Todavía no hemos visto todas las galaxias. Seguimos creando gafas para satisfacer nuestras necesidades. Y siempre precisaremos analizar las partes más pequeñas de la vida.

Todos los días, a los ingenieros se les ocurren ideas nuevas. Sus ideas llevan a hacer más descubrimientos. Las mentes inventivas son la razón por la que siempre "estará a la vista" un futuro más brillante.

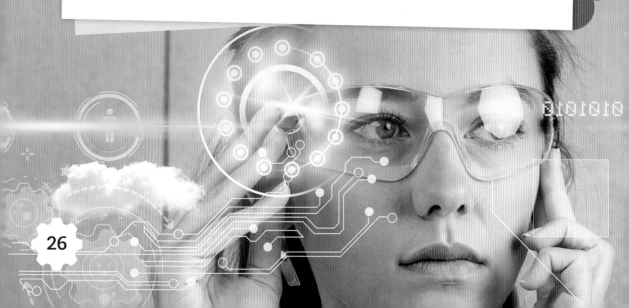

Un estudiante y su maestro trabajan en un laboratorio de óptica.

Una mujer se coloca lentes de contacto.

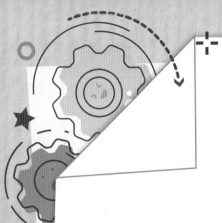

DESAFÍO DE CTIAM

Define el problema

Una empresa que fabrica elementos deportivos quiere desarrollar un modelo de gafas para triatlón. En un triatlón, los deportistas nadan, corren y montan en bicicleta. Es importante que las gafas sean cómodas y no se caigan. ¡Así, los deportistas pueden concentrarse en la carrera! La empresa te ha pedido que diseñes y construyas un modelo.

Limitaciones: Debes usar materiales flexibles que se puedan guardar en un lugar pequeño.

Criterios: El diseño será exitoso si las gafas no se caen mientras el deportista corre en su lugar durante un minuto.

Investiga y piensa ideas

¿Por qué algunas personas usan gafas? ¿De qué formas los ingenieros han cambiado el diseño de las gafas con fines específicos? ¿Por qué un deportista podría necesitar gafas?

Diseña y construye

Haz un bosquejo del diseño de tus gafas. ¿Qué propósito cumple cada parte? ¿Cuáles son los materiales que mejor funcionarán? Construye el modelo.

Prueba y mejora

Ponte las gafas. Corre en tu lugar durante un minuto. ¿Las gafas se cayeron? ¿Cómo puedes mejorarlas? Modifica tu diseño y vuelve a intentarlo.

Reflexiona y comparte

¿De qué otras formas puedes probar el diseño? ¿Funcionará tu diseño en el agua? ¿Qué puedes agregar a las gafas para que sean más atractivas para los deportistas?

Glosario

adaptativas: capaces de cambiar

cuarzo: una sustancia natural que generalmente se encuentra en forma de cristales duros y brillantes

espectro: el conjunto de colores en que se puede dividir un haz de luz

filtro: un dispositivo que impide que ciertas cosas lo atraviesen

ingenieros: personas que diseñan y construyen sistemas, máquinas, estructuras o productos complejos

innovaciones: ideas, métodos o dispositivos nuevos

inventiva: que tiene o demuestra capacidad para pensar ideas y métodos nuevos

luz infrarroja: un tipo de luz que el ojo humano no puede ver

luz visible: un tipo de luz que la mayoría de los seres humanos pueden ver

membrana: una película delgada, suave y flexible

monjes: hombres de ciertas comunidades religiosas que generalmente no se casan y viven apartados de la sociedad

puentes: las partes de las gafas que se apoyan en la nariz

receta: una nota oficial de un médico que le dice a una persona que use o haga algo

reflector: que hace que la luz, el calor o el sonido reboten en una superficie y cambien de dirección

refractor: que hace que la luz se curve cuando lo atraviesa

Índice

anteojos de visión nocturna, 14

Chile, 23

Enchroma, 14–15

equipamiento óptico, 18

Erskine, Peter, 25

espectro, 24

gafas, 5–8, 10–12, 14–17, 26, 28–29

gafas que corrigen colores, 14

gafas Spectacles de Snap, 16–17

Galileo, 22

Google, 17

lentes adaptativas, 12–13

lupa, 18

microscopio, 18–21

Nerón, 7

prismas, 5, 24–25

telescopio, 22–23

Telescopio Gigante de Magallanes, 23

Vía Láctea, 22

Vue, 16

CONSEJOS PROFESIONALES
del Smithsonian

¿Quieres ayudar a la gente a ver mejor?
Estos son algunos consejos para empezar.

"Cuando se trata de mejorar la visión, la mayoría piensa en las gafas. Pero la óptica incluye todo tipo de equipamiento que nos ayuda a ver mejor. Para trabajar en esta disciplina, debes sobresalir en ciencias, matemáticas e ingeniería en la escuela. Y siempre debes tratar de pensar de manera creativa: ¡puede que se te ocurra una idea para un nuevo tipo de óptica!". — **Dr. Brian Mandell, director de la División de Currículo y Comunicaciones**

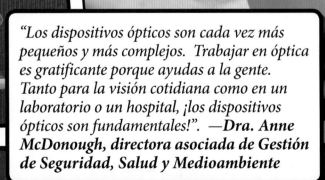

"Los dispositivos ópticos son cada vez más pequeños y más complejos. Trabajar en óptica es gratificante porque ayudas a la gente. Tanto para la visión cotidiana como en un laboratorio o un hospital, ¡los dispositivos ópticos son fundamentales!". —**Dra. Anne McDonough, directora asociada de Gestión de Seguridad, Salud y Medioambiente**